BEI GRIN MACHT SICH IHR WISSEN BEZAHLT

- Wir veröffentlichen Ihre Hausarbeit, Bachelor- und Masterarbeit

- Ihr eigenes eBook und Buch - weltweit in allen wichtigen Shops

- Verdienen Sie an jedem Verkauf

Jetzt bei www.GRIN.com hochladen und kostenlos publizieren

Julia Merkel

Erzählsituation, Plot-Struktur und Symbolik in 'A Painful Case' aus James Joyces Dubliners

GRIN Verlag

Bibliografische Information der Deutschen Nationalbibliothek:

Die Deutsche Bibliothek verzeichnet diese Publikation in der Deutschen National-bibliografie; detaillierte bibliografische Daten sind im Internet über http://dnb.d-nb.de/ abrufbar.

Impressum:

Copyright © 2003 GRIN Verlag GmbH
Druck und Bindung: Books on Demand GmbH, Norderstedt Germany
ISBN: 978-3-656-52352-9

Dieses Buch bei GRIN:

http://www.grin.com/de/e-book/50279/erzaehlsituation-plot-struktur-und-symbolik-in-a-painful-case-aus-james

1.Semester

Erzählsituation, Plot-Struktur und Symbolik in „A Painful Case" aus James Joyces *Dubliners*

Einführung in die Literaturwissenschaft (I&II)
22.08.2003

SoSe 2003
Johann Wolfgang Goethe-Universität
Frankfurt/Main

Einleitung: Mr. Duffy – Zwischen Täter und Opfer

„A Painful Case", die vierte der Kurzgeschichten aus James Joyces *Dubliners*, die sich mit der Phase der Reife im menschlichen Leben befassen, wird in der Literatur kontrovers diskutiert. Manche Kritiker schließen sich James Joyce selbst an, der die Geschichte als eine der beiden schwächsten aus *Dubliners* einschätzt. Wiederum andere sehen in ihr ein wohlkonstruiertes, in sich stimmiges Kunstwerk (Schneider: 98).

In meiner Arbeit möchte ich die einzelnen Mittel, mit denen Joyce das Bild des tragischen Lebens des Mr. Duffy zeichnet, aufzeigen und die Struktur des Plots, die Erzählsituation, und die Symbolik erläutern.

„A Painful Case" ist die Geschichte des Scheiterns des Mr. James Duffy an seinen eigenen, scheinbar unüberbrückbaren Hemmungen und deren Auswirkung auf das Leben seiner Bekannten Mrs. Sinico, die an seiner Kälte und krankhaften, pedantischen Distanz scheitern muss. Diese Leere und Sterilität, und deren fatale Auswirkungen sind Gegenstand dieser Kurzgeschichte.

1. Erzählsituation und Symbolik

Betrachtet man die Erzählsituation in „A Painful Case" kann man eindeutig feststellen, dass diese sich im Verlauf der Geschichte verändert. Während die Beschreibung von James Duffys Haus, Einrichtung und Physiognomie noch durch einen auktorialen Erzähler geschieht[1], kann man die Endpassage der Geschichte nach dem Schock über das gerade Gelesene einer personalen Erzählsituation zuordnen. Hier dominiert die Innenperspektive und Duffys Sinneseindrücke und Bewusstseinsvorgänge werden zentral und vermitteln den Eindruck von einem direkten Einblick ohne den vermittelnden Erzähler (Vgl. Nünning: 116ff). Die Veränderung ist also eine Wandlung von außen nach innen: ausgehend von einem auktorialen Erzähler bis hin zur personalen Erzählsituation mit Fokus auf die Reflektorfigur Mr. Duffy. Natürlich sind diese Übergänge fließend und nicht genau abgrenzbar, und personale Elemente sind auch in der Erzählsituation vom Beginn erkennbar. Er ist ein unpersönlicher, neutraler Erzähler und enthält sich jeglicher Kommentare und Wertungen. Aber selbst in der personalen Erzählsituation vom Ende der Geschichte gibt es Elemente, die auf einen Erzähler schließen lassen (Schneider: 103).

Es können auch gleitende Übergänge zwischen direkter, indirekter und erlebter Rede festgestellt werden, eine klar abgegrenzte erlebte Rede findet sich wieder im Schlussteil , in dem Duffy alleine ist mit sich und seinen Erinnerungen, Ängsten und Erkenntnissen (Schneider: 106). Diese erlebte Rede bewirkt hier keine Identifikation mit der Figur, sonder eher eine Entlarvung dieser.

Aus der Tatsache heraus, dass „A Painful Case" eine Kurzgeschichte ist, ergibt sich, dass die Handlung sich nur auf einen Gegenstand oder Episode konzentriert und weder lange Exposition noch einen Schluss aufweist, der den Leser über die weitere Entwicklung Duffys aufklärt (Vgl. Nünning: 104). Er bleibt im Unklaren, ob die Hauptfigur aus der späten Erkenntnis gelernt hat, oder ob er in seiner alten Lethargie verharrt, unfähig eine Veränderung herbei zu führen.

Das Thema der Lähmung ist zentrales Thema in *Dubliners* als Ganzes sowie in „A Painful Case". Dublin ist in James Joyces Augen eine gelähmte Stadt mit gelähmten Bewohnern, sie schien ihm ideale Szenerie für eine solchen Zyklus. Lähmung wird in der vorliegenden Kurzgeschichte Traum, Vision und Verlangen gegenübergestellt (Power: 117). Duffy ist

---

[1] Der Grund hierfür, ist die Möglichkeit die Exposition schneller und knapper vermitteln zu können

gefangen in seiner pedantischen Abgekehrtheit von der Gesellschaft und die Begegnung mit Emily Sinico gibt ihm eine kurze Hoffnung, eine Chance, die er unfähig ist wahrzunehmen. Viele Figuren- und Raumdarstellungen in „A Painful Case" sind verknappt, angedeutet und bleiben offen zur Interpretation durch den Rezipienten. Das Thema Lähmung lässt einen großen Spielraum metaphorisch interpretiert zu werden. Diese Themenwahl erzeugt einen offenen Text und die Auffassungen über die Bedeutungen der Geschichte gehen weit auseinander. Diese Durchlässigkeit wird verstärkt durch die häufige Mehrdeutigkeit der Worte bzw. Wortgruppen, die auf viele unterschiedliche Weisen interpretiert werden können und sich auch im Laufe der Zeit verändert haben.

Symbolik zieht sich durch die gesamte Zeit- und Raumdarstellung: Beginnend mit der akribischen Beschreibung der Wohnungseinrichtung und Duffys Gesichtszügen, die nicht nur der Vermittlung einer Kulisse dient, sondern vielmehr Charakterisierung, Symbol für Duffys psychische Struktur ist. Auch die Stadt, von der er so zurückgezogen lebt, ist Symbol für das Leben an sich, von dem er sich isoliert.

Die verlassene Schnapsbrennerei und sein kärglich möbliertes Zimmer (Joyce: 103ff) repräsentieren die Einsamkeit, die sich in Duffy schon lange ausgebreitet hat (Tucker: 89f). Tucker sieht auch das Essen, das Duffy im Verlauf der Geschichte zu sich nimmt als ein weiteres Symbol für sein Innehalten, nicht Vorwärtskönnen, seine Lähmung: Jedes erwähnte Essen ist in irgendeiner Weise mit Haltbarkeit/Innehalten zu assoziieren, z. B. Lager Bier, Pfeilwurz Biskuit, Corned Beef (Tucker: 91).

Sähe man die Lähmung in Dublin als bloße Darstellung eines Zustandes, wäre die Geschichte eine naturalistische, wäre sie aber bloße Negativdarstellung aus der man die moralische Botschaft ziehen muss, wäre die Geschichte degradiert zu bloßer moralischer Allegorie (Power: 118f). Die eigentliche Bedeutung ist wohl in der Mitte zu suchen, einerseits stellt Joyce einen Zustand, die Isolation in einer Stadt wie Dublin dar, andererseits verfremdet und konstruiert er die Figuren im Sinne einer vielleicht sogar autobiographischen Darstellung der Pein und Erstarrung in der Unfähigkeit Zwischenmenschlichkeit zuzulassen (Beck: 219).

2. Plot-Struktur

Die Kurzgeschichte lässt sich in vier Erzählphasen untergliedern: Die Beschreibung von Duffys trostlosem Leben, die Beziehung, die vier Jahre nach der Beendigung der Beziehung (in einem Satz zusammen gefasst) und die erneute Begegnung mit Mrs. Sinico durch den Zeitungsartikel. Es korrespondieren jeweils der erste Abschnitt mit dem dritten und der zweite mit dem vierten. Es beginnt mit seinem ereignislosen Leben und auch in den vier Jahren fällt er hinein in seinen alten, kaum durchbrochenen Trott. Abschnitt zwei und vier hingegen beschreiben seine Begegnungen mit Mrs. Sinico und wie er für kurze Zeit aus der Lethargie gerissen wird. Diese Unterbrechungen sind nur von kurzer Dauer und lassen Duffy zuletzt noch einsamer als zuvor zurück, nur reicher um die Erkenntnis seiner endlosen Abgegrenztheit.

2.1. Inhalt

„A Painful Case" ist die Geschichte von Mr. James Duffys Isolation von seiner Stadt in der er lebt, von der Gesellschaft, von Zwischenmenschlichkeit. Sein Leben ist steril, starr, ohne jegliche Kreativität. Er lebt distanziert von seiner Umwelt, seinen Gefühlen, seiner Menschlichkeit und nimmt die Chance, die sich ihm durch die sich anbahnende Beziehung mit Mrs. Emily Sinico bietet, nicht wahr. Er bricht die Beziehung ab bevor sie noch richtig begonnen hat und Mrs. Sinico scheitert an dieser kalten, zwanghaften Zurückweisung und stirbt vier Jahre nach der kurzen Liaison. Offen bleibt ob durch Selbstmord oder einen Unfall, offen bleibt ob Mr. Duffy wirklich Schuld hat oder ob er nur seinem eigenem Leben die Luft abgeschnürt hat um es völlig absterben zu lassen.

Joyce verlässt sich bei diesem Handlungsverlauf nicht vollständig auf seine Imaginationskraft, sondern greift auf autobiographische Tatsachen zurück. Die Figur des James Duffy könnte als boshafte Persiflage auf seinen Bruder Stanislaus gedeutet werden, oder als das, was Stanislaus im Alter hätte werden können. Aber wie Warren Beck argumentiert liegt wohl eher eine angstvolle, fast unbeabsichtigte Selbstporträtierung in einigen Teilen der Geschichte vor (Beck: 219).

2.2. Figuren

 Die Hauptfigur, James Duffy, die auch als Reflektorfigur im Teil der personalen Erzählsituation dient, bleibt im gesamten Verlauf der Geschichte statisch, sie macht keinerlei Entwicklung durch, außer zuallerletzt, der Weg zu seiner Teilerkenntnis. Obwohl er mit Distanz zu seinem Körper lebt, hat er keinerlei Distanz zu seinen Prinzipien, er kann seine Unfähigkeit nicht als solche erkennen. Diese fehlende persönliche Entwicklung könnte auch ein Zeichen für die statische Enge von Dublin sein, die zum Schicksal seiner Bewohner wird.

Sogar die späte Veränderung verspricht nur bedingt eine Hoffung auf Veränderung (Beck: 226ff).[2]

Als Duffy von Mrs. Sinicos Tod erfährt, versucht er sie stellvertretend für seine eigene Fehlbarkeit zu verurteilen. Er fühlt sich durch ihren Werdegang degradiert und kann nicht verstehen, dass er sich ihr einst anvertraut hat. Er verurteilt sie, um die Schuld von sich zu weisen, die er an ihrem Schicksal haben könnte, sie soll als sein Sündenbock fungieren. Dies muss jedoch scheitern, in seiner Erinnerung erkennt er ihre doppelte Einsamkeit (vom Ehemann vernachlässigt, von Duffy zurückgestoßen und verlassen) und ihren Schmerz. Er fühlt sich schuldig und plötzlich ausgeschlossen von den Freuden des Lebens: „He felt that he had been outcast from life's feast." (Joyce: 113). Sogar die Erinnerung bleibt ihm nicht, letztendlich bleibt er alleine zurück in der einsamen Dunkelheit (Tucker: 95ff).

Die Figur der Emily Sinico wird vom Leser fast nur aus Duffys Perspektive und dem Zeitungsbericht wahrgenommen. Duffy trifft sie eines Abends in einem Konzert und sie beginnen eine kurze Konversation. Die zwei Sätze, die sie über die leeren Bänke spricht, sind die einzigen in wörtlicher Rede, von nun an muss man sie mit anderer Leute Augen betrachten. Entweder durch Duffys, der sich nur selbst in ihr sehen will („ He thought that in her eyes he would ascend to an angelical stature") (Joyce: 107), durch Mr. Sinicos Augen, der sie bereits vollständig aus seinem Gefühlsleben verbannt hat („He had his wife so sincerely from his gallery dismissed of pleasures") (Joyce: 106) oder in den Worten des Zeitungsreporters, der ihren Tod und das was dazu geführt hat, in aufrührerischen Worten ausschlachtet. Ungefiltert wird dem Leser kaum ein Blick auf Mrs. Sinico gewährt (Schneider: 100).

3. Kritik

Joyce selbst schätzte die Kurzgeschichte „A Painful Case" gering im Vergleich zu den anderen Geschichten aus *Dubliners*. Viele Kritiker griffen diese Selbstkritik auf und deuteten die Schwachstellen der Geschichte heraus. Um hier nur einige Beispiele zu nennen, möchte ich kurz die Position des Kritikers Warren Beck anführen. Becks Kritik beginnt schon mit den autobiographischen Bezügen der Geschichte: Joyce hatte der Person Duffys die Vorstellung von der Sorte Mensch zu Grunde gelegt, von der er glaubt, dass sein Bruder Stanislaus sich zu ihr entwickeln würde. Dies sei harsch und ungerecht, war doch besagter Bruder immer

---

[2] Diese Distanz von Duffy zu sich selbst, bewirkt laut W. Beck auch im gewissen Sinne, dass der Leser auf Distanz gehalten wird.

Protege und Unterstützung gewesen (Beck: 219). Er betrachtet die Figur des Duffy als schlecht konstruiert und findet einige Fehler in der Charakterisierung. Z.B. das Aufkleben des „Bile Beans" Slogans auf die Notizunterlagen aus einer ironischer Laune heraus scheint ihm geradezu unsinnig, stellt sich Duffy nicht als ein Mensch dar, der solcherlei Ironie fähig wäre. Auch das Aufschreiben des sexuell aufgeladenen Satzes (auch Zitat aus Stanislaus jugendlichem Tagebuch) „Love between man and man is impossible because there must not be sexual intercourse and friendship between man and woman is impossible because there must be sexual intercourse." (Joyce: 108), erscheint Beck unstimmig für den gehemmten und geradezu asexuellen Duffy (Beck: 224ff).

James Duffy sei ein unstimmig konzipierter Charakter und das Fehlen einer persönlichen Entwicklung hemme den Fluss der Geschichte gekrönt nur noch durch den hölzernen, nicht mit der Geschichte harmonierenden Beginn.

Fazit: gelähmtes Scheitern des Mr. Duffys

Tatsache ist das Mr. Duffy kläglich in seinem Leben scheitert. Offen bleibt, ob an sich selbst oder an der Stadt und ihren Umständen, ob mit Hoffnung oder hoffungslos zurückgelassen, ausgeschlossen vom Fest des Lebens. Musste die Beziehung im Keim erstickt werden, um Duffys Moralvorstellungen gerecht zu werden oder um sein steriles Leben zu erhalten? Vieles bleibt offen für Spekulation und Interpretation: war es wirklich Duffys Schuld, dass Mrs. Sinico nur noch den Ausweg des Selbstmordes gesehen hat, geschah es doch so lange Zeit nach der Trennung? Außerdem gibt Mr. Sinico zu Protokoll, seine Frau habe erst zwei Jahre zuvor begonnen ein merkwürdiges Verhalten an den Tag zu legen. War es überhaupt Selbstmord, oder doch gar nur ein Unfall?

Der Leser ist hier in der Verantwortung seine eigenen Schlüsse aus der Darstellung zu ziehen und kann auch über den Verbleib der Hauptfigur nur erahnen wie er weiterleben wird, ohne Antrieb, ohne Liebe, ohne Hoffnung.

Literaturverzeichnis

Beck, Warren, 1969. *Joyce's Dubliners – Substance, Vision, and Art.* Durham, Duke
      University Press.

Joyce, James, 1992. „A Painful Case." In: *Dubliners.* London: Penguin.

Nünning, Ansgar und Vera, 2001. *Grundkurs anglistisch-amerikanistische
      Literaturwissenschaft.* Stuttgart: Klett.

Power, Mary/ Schneider, Ulrich (ed.), 1997. *New Perspectives on Dubliners.* Atlanta: Rodopi.

Schneider, Ulrich, 1997. *James Joyce - Studien zu Dubliners und Ulysses.* Erlangen: Erlanger
      Forschungen.

Tucker, Lindsey, 1988. „Duffy's Last Supper: Food, Language, and the Failure of Integrative
      Processes in ‚A Painful Case'." In: Bloom, Harold (ed.). *James Joyce's Dubliners.*
      New York: Chelsea House Publishers.